सोचा, कुछ और लिख दूँ...

डॉ समीर गोलवेलकर

NOTION PRESS

Copyright © 2024 Dr. Sameer Golwelkar

Made with 🤍 on the Notion Press Platform

www.notionpress.com

प्रस्तावना

दर्शन और मनोविज्ञान से प्रेरित इस अबोध मन में उमड़े विचारों से पाठक पूर्व में रूबरू हो चुके हैं । "Epiphanies of a Mortal" नाम से प्रकाशित पुस्तक को शायद अंग्रेज़ी के पाठकों ने पढ़ा है।

लेखक का गद्य से पद्य का सफ़र तस्वीरों की गलियों से गुजरा है। सन २०२० के मध्य में, महामारी के चलते, लेखक ने महीने भर तक रोज़ एक तस्वीर में, एक ही जगह से, एक ही दिशा में देखे हुए, आसमान में उमड़े विभिन्न रंगो का, जीवन के दर्शन से संकलन करने का प्रयास किया था जो "The Lockdown Diaries" के नाम से संकलित है।

इसी समय में शायद लेखक को अपने विचारों को व्यक्त करने के लिए कविताओं का माध्यम मिला। हिंदी और उर्दू भाषा का अधूरा ज्ञान शायद एक मिश्रित रचना को जन्म दे गया। अधिकतर काव्य रचनाएँ दस से पंद्रह मिनट में, विक्रमादित्य के आसन पर उमड़ीं हैं तथा उन्हें संपादित करने का साहस लेखक में नहीं था अतः आपके सामने वो प्राकृत, मूल रूप से प्रस्तुत हैं ।

इस श्रृंखला की पहली पुस्तक सन् 2021 में "सोचा कुछ लिख दूँ "शीर्षक से प्रकाशित हो चुकी है। अगली कड़ी यहाँ पर प्रस्तुत है।

कुछ रचनाएँ प्रासंगिक हैं जिन्हें समझने के लिए उक्त प्रसंग का ज्ञान होना सार्थक होगा परंतु थोड़ा सा विचार करने पर पाठक उस सम्बन्ध को जोड़ पाएँगे, ऐसी लेखक को उम्मीद है। प्रसंग का विवरण देना शायद रचना का तनुकरण करना प्रतीत होगा। कवितायें काल संदर्भित हैं तथा पाठकों से निवेदन है कि क्रमश पढ़ते वक्त आज से इतिहास में पीछे जाते जाएँ।

लेखक का यह मानना है कि भावनाओं को प्रकट होने में भाषा का अवरोध है और शायद इसीलिए इस पुस्तक में दो भाषाओं का अविरल प्रयोग हुआ है जो की व्याकरण तथा साहित्य के पुजारियों से क्षमा की विषयवस्तु है।

लिखने का मोह अंकुरित करने और लिखने के लिए प्रोत्साहित करने के लिए लेखक अपनी जीवनसंगिनी श्रीमती सोनिया का हृदय से आभारी है। किसी भी पुरुष के लिए अपने शौक़ पूरे करने का सौभाग्य पाना, अपनी पत्नी के योगदान के बिना असम्भव है। अपनी चारों रचनाएँ, लेखक अपनी धर्मपत्नी को सस्नेह समर्पित करता है। विश्वास है कि भविष्य में भी वे अपना सक्रिय योगदान देती रहेंगी।

परिवार के सभी सदस्य, पर्व, तन्ची, श्रीमती सुजाता, स्वाति, नेहा, मिताली, ऋषिकेश, शिशिर तथा मेघा भी लेखक की रचनाओं को मुस्कुराते हुए सहन करते आए है जिसके लिए वह नतमस्तक है। उम्मीद है कि ये स्नेह बना रहेगा। मुखपृष्ट की तस्वीर, स्वाति द्वारा खींची गयी है।

इस रचना की प्रस्तुति के पीछे हमारे करीबी श्री दलीप सिंह जी ओठी, जो क़िस्मत से हमारे पड़ोसी भी हैं, का अभूतपूर्व योगदान है। उनके भाषा ज्ञान के सामने मैं नतमस्तक हूँ तथा इन रचनाओं में हुई त्रुटियों को सुधारने के लिए उनका आभारी रहूँगा।

इन रचनाओं से संवाद करने के लिए लेखक आपको आमंत्रित करता है। पुस्तक में शामिल ख़ाली जगह तथा पृष्ठ, आपकी प्रतिक्रियाओं के इंतज़ार में हैं।

समीर गोलवेलकर

सोचा, कुछ और लिख दूँ ...

निरुत्तर

जब सवाल ही जवाब है,

तो सवाल क्यों है?

जब सवाल ही सवाल है,

तो जवाब क्यों है?

जब जवाब ही जवाब है,

तो सवाल क्यों है?

जब जवाब ही सवाल है,

तो जवाब क्यों है?

जब जवाब ही नहीं है,

तो सवाल क्यों है?

जब सवाल ही नहीं है,

तो जवाब क्यों है?

जब उलझन ही नहीं है,

तो उलझता क्यों है।

जब उलझता ही है,

तो सुलझता क्यों है?

जब उलझा ही नहीं है,

तो सुलझा क्यों है?

जब सुलझा ही नहीं है,

तो उलझा क्यों है?

आख़िर ये हुआ कैसे?

जो मरा ही नहीं, वो जिया कैसे,

जो डूबा ही नहीं, वो तैरा कैसे,

जो मिला ही नहीं, वो तनहा कैसे,

जो जला ही नहीं , वो रौशन कैसे।

जो तपा ही नहीं, वो पका कैसे,

जो ख़फ़ा ही नहीं, वो बदला कैसे,

जो जुदा ही नहीं, वो चाहा कैसे,

जो उड़ा ही नहीं, वो पहुंचा कैसे।

जो रोया ही नहीं, वो हँसा कैसे,

जो खोया ही नहीं, वो पाया कैसे,

जो बोला ही नहीं, वो चला कैसे,

जो जागा ही नहीं, वो सोया कैसे।

जो सम्हला ही नहीं, वो फिसला कैसे,

जो उठा ही नहीं, वो गिरा कैसे,

जो टूटा ही नहीं, वो झुका कैसे,

जो बिखरा ही नहीं, वो जिया कैसे।

यथार्थ।

बचपन छीन लिया, ज़वानी के लिए,

ज़वानी छीन ली, बुढ़ापे के लिए,

बुढापा छीना, अगले जन्म के लिए,

पुनर्जन्म छीना, मोक्ष के लिए।

अगर मोक्ष होता, तो जन्म ही न होता,

जो जन्म ही न होता, तो बचपना ना होता,

जो बचपन जी लेते, तो जवानी न आती,

और बुढ़ापे की राह में, जिंदगी ना जाती।

कसूर तो उन कहानियों का है,

जिन्हें सुन , हमने आज खोया है,

इतिहास और भविष्य से क्या मिला,

आज को ठुकराने वाला, कल रोया है।

ठीक से देख तो सही आज,

जिंदगी कितनी ख़ूबसूरत है,

खबरों के परे भी वही आज,

दुनिया कितनी ख़ूबसूरत है।

कहाँ जाना था, कहाँ पहुँच गये।

चले थे दुःखों को कम करने ,
कष्टों को कम करने पहुँच गये।

मंज़िलों की तलाश में था राही,
सारथी छोड़ कारवाँ पहुँच गये।

वो कुछ ही तो थे सफर में,
भटक कर राही वहाँ पहुँच गये।

दौड़ने का जुनून इतना था,
यात्री से पहले सामान पहुँच गये।

पहुँचे हुओं के पद्चिन्हों पर,
भूले हुए कब कहाँ पहुँच गये।

निकल पड़े थे, कहीं जाने,
हम जाने कहाँ कहाँ पहुँच गये।

वैद्य।

उन जीवाणुओं और कीटाणुओं को,

बेवजह ही मोक्ष नहीं मिलते।

कष्टों को कम करने की राह में,

क्या होता जो आप नहीं मिलते।

गुरु और गोविंद के कशमकश में,

कबीर को क्यों वो नहीं मिलते।

शायद ही कोई दिन रहा हो जब,

ख़यालों में भी आप नहीं मिलते।

भावनाओँ को आप तक पहुंचाने में,

कभी कभी शब्द ही नहीं मिलते।

रिवाज़।

ये रिवाज़ भी बड़े अजीब हैं दुनिया में,

जहाँ वज़न उठाने पर पदक और

बोझ उठाने पर सबक़ मिलता है।

उधेड़बुन।

साधन और साध्य के भेद में राही उलझ गए ।

अनुभव और भोक्ता के भेद में द्रष्टा उलझ गए ।

तंदुरुस्ती और सेहत के भेद में मरीज़ उलझ गए।

अध्यात्म और धर्म के भेद में साधक उलझ गए।

शिक्षा और शास्त्र के भेद में शिक्षक उलझ गए ।

मासूम पतंगो के पेंच में यूँ ही माँझे उलझ गए ।

विजयदशमी।

सदाचार का संग्राम आगाज कर गया,
ब्राह्मण और क्षत्रिय का युद्ध हो गया।
मर्यादा और पुरुषोत्तम का योग हो गया,
मूल्यों और आदर्शों का नाम हो गया।

कुम्भकर्ण जागने का प्रपंच कर गया,
रेखाओं के मिटने पर तंज कर गया।
आशियाने में विभीषण काम कर गया,
दरबारों की नैतिकता को दान कर गया।

जलाने वाला उसकी विद्वत्ता से अंजान था,
जोश जोश में सब कुछ स्वाहा कर गया।
दहन का कार्यक्रम फिर सफल हो गया,
दर्शक अपराध बोध से मुक्त हो गया।

विजय अब दशमी का मोहताज हो गया,
हर वर्ष के दहन से रावण अमर हो गया।

नशा है।

ज़िन्दगी ही एक नशा है,

जाम तो सिर्फ बहाना है।

मदहोशी ही एक आलम है,

मधुशाला तो सिर्फ ठिकाना है।

फिसलना ही एक फ़ितरत है,

संभल कर तो सिर्फ निभाना है।

आईना ही एक हक़ीक़त है,

नज़रों का तो सिर्फ फ़साना है।

रूठना ही एक नज़ाकत है,

आशिक़ी में तो सिर्फ मनाना है।

विषाणु ही एक माध्यम है,

गर्दिशों में तो सिर्फ ज़माना है।

वो दर्शन ही तो है।

सर्दियों की तपन में,

रौशनी के अंधकार में,

बहती नदी की स्थिरता में,

सावन के सूखेपन में,

मुस्कुराहट की उदासी में,

चंचल मन की तपस्या में,

मरणासन्न के जीवन में,

जिंदगी की मृत्यु में,

बंधन की परिभाषा में,

आज़ादी की विवशता में,

जटिल रिश्तों की सरलता में,

सरल लोगों की गूढ़ता में,

प्रबुद्धों की मूर्खता में,

मूर्खों की प्रभुद्धता में,

मछलियों की प्यास में,

हथिनी की गतिशीलता में,

विरोधाभास के आभास में,

और अज्ञानता के ज्ञान में,

जो है, वो जीवन है, दर्शन है,

वो शब्दों से परे है।

नया वर्ष।

कल एक नयी सुबह आएगी।

नये ख्वाब और नये जोश सजेंगे,

नये उपन्यास को नये दौर लिखेंगे।

नये जाम पुराने दोस्तों से छलकेंगे,

नये पन्ने पुराना इतिहास दोहरायेंगे।

नये संकल्प पिछले को बदलेंगे,

नये बीज उन्ही उम्मीदों को जन्मेंगे।

नये संदेश फिर से प्रसारित होंगे,

नये प्रस्ताव पुनः अंकुरित होंगे।

नये पंचांग नयी तकदीर लिखेंगे,

नये सितारे पुरानी दिशाएँ बदलेंगे।

नये विषाणु नये टीके बनायेंगे,

नये शोध नया रोगी पहचानेंगे।

नये विचार कोई क्रांति लायेंगे,

नये बदलाव फिर ठहराव चाहेंगे।

नये तूफ़ानों को वही सागर सम्हालेगा,

नये चक्रवात को वही मरुस्थल लुभायेगा।

नये सूरज की शायद नयी रोशनी आयेगी,

नये अंधेरे में शायद नयी दृष्टी लायेगी।

नया दर्शन शायद कोई चमत्कार लायेगा,

नया चेतन शायद जड़ मानस में आयेगा।

वो वक़्त ही तो था।

हम खोये थे,

दुनियाँ वहीं थी,

उसकी तलाश में,

मंज़िल सँवारी थी,

वो वक़्त ही तो था।

हम मिले थे,

दुनियाँ दीवानी थी,

आंगन के आगोश में,

उसकी परछाई थी,

वो वक़्त ही तो था।

हम सुनते थे,

दुनियाँ कहती थी,

समझने से कोसों दूर,

एक उन्मुक्त कहानी थी,

वो वक़्त ही तो था।

हमें कहने को बहुत कुछ था,

दुनिया बेरुख़ी थी,

नज़्मों से ताल्लुक था,
जीवन में दिखी गहराई थी,
वो वक़्त ही तो था।

हम चले थे,
दुनियाँ हमारी थी,
हर धूप के साये में,
छाँव बिछाई थी,
वो वक़्त ही तो था।

हम पहुँच गए शायद,
दुनियाँ निराली थी,
उस नाजुक रिश्ते में,
रस्में निभाई थी,
वो वक़्त ही तो था।

हम जान गए आख़िर,
दुनिया विरासत थी,
ओस की ठिठुरती बूंदों में,
छिपी सच्चाई थी,
वो वक़्त ही तो था।

एक वक्त था,

जब complex केवल equation थी,

और simple केवल interest था।

जब screwed का मतलब hardware होता था,

और fucked का रिश्ता sex से था।

जब stress का तात्पर्य mechanical से था,

और relation से Einstein का संबंध था।

जब space का वास्ता skies से था,

और time केवल watch दिखाती थी,

जब lead एक metal होता था,

और weight मात्र force था।

जब vision तो six by six मानते थे,

और freedom का अर्थ recess था।

जब death एक holiday का कारण थी,

और terrorist का चेहरा principal होते थे।

जब ethics एक subject था,

और english एक language थी।

जब RAT एक animal था,

क्रमशः

और positive तो charge था।

जब current केवल wire में था,

और shock तो switch देता था।

जब running एक fun था,

और race एक sports थी।

अब भाषा ने परिभाषा बदल दी

और वक्त ने ज़िन्दगी।

क्या प्यार होगा?

क्या कभी वो प्यार होगा, जो न किसी दिन,

वस्तु या व्यक्ति का मोहताज़ होगा?

क्या उस प्यार की दुकानें सजेंगीं,

और कैसे उसी प्यार का व्यापार होगा?

> क्या उस प्यार को विचार दूषित करेंगे,

> और तब कैसे उसका इज़हार होगा?

> क्या शिक्षा उस प्यार को समझा सकेगी,

> जब अशिक्षित होना गुनाह होगा?

क्या उस प्यार में क्लेश और द्वंद होंगे,

क्या दुश्मन होंगे और क्या युद्ध होगा ?

क्या उस प्यार को कोई समझा सकेगा,

जब समझदार होना अभिशाप होगा?

> क्या उस प्यार का अध्याय होगा ,

> और बुद्धि के दोहन से विश्लेषण होगा?

> क्या उस प्यार से भरे कस्तूरी मृग का,

> तलाश में बेवजह भागना सफल होगा?

क्या फ़िर 'मैं ' होगा, क्या फ़िर 'तू 'होगा,

अहंकार से जुदा सा बेशुमार प्यार होगा।

नासमझी।

मिट्टी की ईंट मिट्टी में मिल गई,

नादानी से खुद को दीवार समझ बैठी।

ये तो उन मासूम कलियों की जुर्रत है,

जो ख़ुद को इश्क़ की दवात समझ बैठी।

सीरत उन शहंशाहों की जागीर थी,

जो लहू को रंग समझ बैठी।

अब उन हवाओं को क्या कहें,

जो आशिकी को जुर्म समझ बैठी।

दिल की गहराइयों से भी कभी पूछों,

जो जुबां को हकीकत समझ बैठी।

उसकी मासूमियत की क्या दाद दें ,

जो कत्ल को शायरी समझ बैठी।

ये दुनियाँ तो तख़्तों ताजों की थी,

जो गफलतों में मधुशाला समझ बैठी।

जिस्म को तो राख में ही समाना था,

रूह भी जब खुद को मंज़िल समझ बैठी।

लहरें ।

जहाँ सागर की गहराइयों से वो बेखबर है,

गहराई भी उनकी कशमकश से अनजान है।

फिर भी उठती रहती हैं वो उम्रभर,

निकाह सागर से कर, पाया वरदान है।

कश्तियों को डुबाने चली थी कभी,

किनारों से टकराकर अब बेजुबान है।

छूने की तमन्ना चांद से करती होगी,

सागर से आजादी भी एक इम्तिहान है।

तूफानों से पूछो ज़रा उनका आलम,

कश्ती की तकदीरों पर जो मेहरबान है।

लड़ने का शौक पाला है अगर उनसे,

इश्क़ में आख़िर डूब जाने का गुमान है।

उस सूनामी की बेरहमी कौन समझे,

सागर की नाराज़गी की वो दास्तान है।

हर रिश्तों में आने का सबब है उनका,

नाज़ुकता जिस किनारे का अभिमान है।

कुछ तो कहो।

संवाद की खातिर ,कुछ तो कहो।

खामोशी की ताकत को माना हमने,

पर चुप्पी तो दूरियों की आहट है।

ना कहने की अजीब आदत है आपकी,

अब कह भी दो हम जो तनहा है।

उन अनकहे लफ्जों में द्वेष है छिपा,

शायद कहने के लिए वही शेष है।

ना बोलने का आप में जो गरूर था,

किसी दिन बिखरने पर मजबूर है।

कानों से गुज़रे भले ही वो शब्द होंगे,

दिल को छू लेना उनकी फितरत है।

स्तब्ध होठों के पीछे छुपा मौन देख ,

आगोश में तूफान लिए वो कौन है।

आखिर में रोकती ये दीवार कैसी,

झरोखे को व्याकुल यहाँ वो प्यार है।   क्रमशः

हम सुनने को तैयार हैं अब कह भी डालो,

शब्दों के कारवां से हम गुलज़ार हैं।

नही नापेंगे आपकी बेगुनाही को,

तराजूओं से तो अब हमें बैर है।

फासलों से सम्हाला है ये रिश्ता,

क्या नजदीकियों से अब परहेज़ है।

खयालों की उधेड़बुन में खो गए शायद,

वो अल्फाज़ ही है जो हमसे करीब है।

आख़िर ये जंग है किसकी ?
कोई समझाए हमें।

ये जंग है अस्तित्व की या वर्चस्व की,

या जंग है अन्तर्मन के कलह की?

ये जंग है अभिज्ञान और अस्मिता की,

या जंग है बिसरी हुई प्रभुत्वता की?

ये जंग है वीरों की और शहीदों की,

या जंग है ताकतों और कमज़ोरियों की?

ये जंग है बादशाहों और गुलामों की,

या जंग है बादशाहत और गुलामी की?

ये जंग है जानवरों की और दीवानों की,

या जंग है इंसानियत के दिवालियेपन की?

ये जंग है कबीरों की और कुबेरों की,

या जंग है विचारों की और दलीलों की?

ये जंग है शस्त्रों की और अस्त्रों की,

या जंग है शास्त्रों के परस्तों की?

ये जंग है इतिहासों की और यादों की,

या जंग है भविष्य के अरमानों की?

ये जंग है मुल्कों की और रेखाओं की,

या जंग है दीवारों और दरारों की?

कोई इस अबोध मन को ये तो समझाए,

कि आख़िर जंग है किन योद्धाओं की?

इतिहास को भी सम्भालो ज़रा।

कौन कहता है कि बारूदों में ताकत है,

उन राख़ समेटने वाले हाथों को भी आजमाओ ज़रा।

गूँज की हर आहट में क्या दम था,

उन सहमे हुए दिलों को भी सराहो ज़रा।

हर तरफ सिर्फ शोर का बेहिसाब आलम है,

अकेलेपन की उस संजीदगी को भी सुनो ज़रा।

सने पड़े है अख़बार इन संगीन तमाशों से,

झकझोर दिलों के जख़्मों को सहलाओ ज़रा।

दलीलों से मजबूर इन योद्धाओं का सफर है,

आशियाने में कैद उस जिंदगी को छुड़ाओ ज़रा।

थक चुका है अब इतिहास भी इन जंगो से,

कोई तो नई कहानी भी लिख दो ज़रा।

कब तक पढ़ायेंगे हम मुकाबलों की दास्ताने,

शिक्षा में बच्चों की, प्रेम प्रसंग भी नवाजों ज़रा।

द्वारका में संवाद।

कुछ माँग लो....

चैत्र की उस बेला में, ग्रहों की उस स्थिति में,

शाम के उस पल में, विधि के उस विधान में,

द्वारकाधीश के कलश को अविरल निहारते हुए,

धर्म के उस राजदूत ने मुझसे अचानक कहा,

कोई एक वरदान माँग लो, अवश्य पूरा होगा।

सोचा शान्ति माँग लूं,

पर युद्ध के लिए उकसाने वाले से क्या ये माँगना जायज़ होगा?

सोचा लंबी उम्र माँग लूं,

पर मृत्यु के लंबे इंतज़ार का कष्ट क्या सहन होगा?

सोचा कष्टों से छुटकारा माँग लूं,

पर क्या कष्टों से छूटना दुखों से छूटना होगा?

सोचा सुख माँग लूं,

पर उन दुखों का क्या जिनकी वजह से सुख की अहमियत है?

सोचा "मैं" से आज़ादी माँग लूं,

पर क्या जिसका अस्तित्व ही नहीं है, मुक्त हो पायेगा?

सोचा मोक्ष माँग लूं,

पर चाहने वाले मन को चाहतों से आज़ादी कैसे फलेगी?

सोचा विलासता माँग लूं,

पर क्या मेरी समृद्धि किसी और की दरिद्रता का साधन होगी?

सोचा दोस्तों का भला माँग लूं,

पर फिर लगा मेरे उन अनचाहे दुश्मनों का क्या होगा?

सोचा विरोधियों का विनाश माँग लूं,

पर क्या उन्हे उनके कर्मों का फल मेरे द्वारा मिलेगा?

सोचा ब्रह्मज्ञान माँग लूं,

पर क्या दर्पण का बिखरना माया नगरी का अन्त होगा?

फिर लगा,

उसके पास देने के लिए जो कुछ था, वो दे चुका,

अब "कुछ नहीं" बचा है, सोचा, वही माँग लूं।

इस उम्मीद के साथ कि शायद वही मिल जाए,

मैं लौट आया।

तूने ईश्वर क्यों बनाया?

डरे मन को जब आसरा न मिला,

व्याकुल मन को ठिकाना ना मिला,

बुद्धि को परखने का बहाना ना मिला,

इंसान को चाहने का तरीका ना मिला,

फिर तूने ईश्वर बना दिया।

जिंदगी को समझना विफल रहा,

दुखों को सहने का साहस ना रहा,

मृत्यु के बाद सफ़र अनजान रहा,

घटनाओं का कारण ढूँढता ही रहा,

फिर तूने ईश्वर बना दिया।

ख्वाहिशें पूरी ना हो पाईं,

साजिशें सफल ना हो पाईं ,

मंजिलें हासिल ना हो पाईं,

सरहदें भी पार ना हो पाईं ,

फिर तूने ईश्वर बना दिया।

आस्था ने आशियाना चाहा,

पर्यटन ने गंतव्य चाहा,

इमारतों ने आगुंतक चाहा,

शक्तिमानों ने संगठन चाहा,

फिर तूने ईश्वर बना दिया। क्रमशः

आस्था से तर्क हार गए,

निष्ठा से नास्तिक हार गए,

मौन से स्वर हार गए,

भक्ति से कर्म हार गए,

फिर तूने ईश्वर बना दिया।

सब प्रश्न छूट गए,

कोई जिज्ञासा ना रही,

आईने में जब ध्यान से देखा,

ख़ुद में ख़ुद ही को पाया,

शायद ईश्वर को पा लिया।

युद्ध।

कई दिन हो गए हैं ,

अब युद्ध की आदत सी पड़ गई है,

जिंदगी ही जो कुरुक्षेत्र बन गई है।

वो तस्वीरें अब और नहीं डरातीं,

चलचित्रों में मनोरंजन जो हो गई हैं।

अखबारों की दरियादिली भी गज़ब है,

मुखपृष्ठ पर चुनावी हार जीत छा रही है।

धर्मयुद्ध और वाकयुद्ध से कोसों दूर,

वो मासूमियत की होली निरंतर जल रही है।

क्या कोशिशें करे, क्या संवेदनाएं रखें हम,

हमारे इस चेतन की जड़ भी सो रही है।

हमसफ़र।

अस्तित्व रिश्तों से होगे मगर,

रिश्ते तो आप ही से हैं ।

सुनहरे पल यादों से होंगे मगर,

यादें तो आप ही से हैं ।

जिंदादिली जिन्दगी से होगी मगर,

जिंदगी तो आप ही से है।

रूमानियत आशिक़ी से होगी मगर,

आशिक़ी तो आप ही से है।

सागर की ऊंचाइयां और आसमान की गहराई।

शाम ए तनहाईयों में वो मुस्कुराते रहे लेकिन,

उनकी आखों का काज़ल फैलता गया।

जिंदगी की दौड़ में वो ठहर गए लेकिन,

उनके पैरों के छाले रिसते रहे।

ज़ुल्म तक़दीर के रास आ गए लेकिन,

उनके जाम में लहू छलकता गया।

किस्मत बेवजह उनसे खफ़ा थी लेकिन,

उनकी मंजिलों का जज़्बा बहता रहा।

इश्क़ के तूफानों में वो डूबते रहे लेकिन,

उनकी इबादत की कश्ती तैरती गयी।

बड़ी बेरूख़ी से वो रुख़सत हो गए लेकिन,

उनके कदमों की आवाज़ आती रही।

क्रमशः

दर्दे दिल में वो पत्थर भरते रहे लेकिन,

उनके जिगर का मोम पिघलता गया।

वक्त ए नाकामियों के तरकश भर गए लेकिन,

उनके उम्मीदों के तीर चलते रहे।

जीवन की राहें काफ़ी जटिल थीं लेकिन,

उनके आसान से कदम उठते गये।

जंग के हर मैदान में वो लड़ते गए लेकिन,

जिंदगी की लड़ाई से वो कतराते रहे।

होली है।

हम तो परदों पर चित्रों को संवारने में खोए थे,

वो आए और जिंदगी में रंग भर गए।

कहाँ हम होली के इंतज़ार में बैठे थे,

वो आए और जिंदगी रंगीन हो गई।

वैसे तो हमें सुरा से कोई दुश्मनी न थी,

उन्होंने पिलाई तो जिंदगी में नशा छा गया।

हम तो रंगो को तलाशने में मशगूल थे,

उनके मिलने से हर दिन होली मन गई।

वो लकड़ियों के जलने में एक रंग ही था,

जो उनके सजने से इंद्रधनुष बन गया।

गुलाबी रंग उन गुलालों से कब था,

वो मिलना ही था जो गालों पर रंग छोड़ गया।

वो कोई और ही थे।

हम चित्रकारी में मशगूल रहे,

वो अपनी तस्वीरें छापते रहे।

हम शब्दों के प्यार में पड़ गए,

वो किताबें बेच अमीर हो गए।

हम खुद को समझने में खोए थे,

वो दूसरों को हमेशा समझाते रहे।

हम स्वयं को समर्पित हो गए,

वो समाज की सेवा में लगे रहे।

हम चर्चा का विषय जान बैठे थे,

वो विषयों को लेकर चर्चित रहे।

हम अपनी बुद्धि पर हंसते गए,

वो अपनी बुद्धि से हंसाते रहे।

हम अपनों के प्यार में खोए थे,

वो दूसरों के प्यार से सजते रहे।

हमें साथी में माशूक़ा मिल गई,

वो माशूक़ों में साथी ढूंढते रहे।

क्रमशः

हम भीड़ से कतराते थे,

वो पदकों से नवाजे जाते रहे।

हम एक मछली में सागर पा गए,

वो सागर में मछलियाँ पकड़ते रहे।

हम खबरों से बेखबर थे,

वो अखबारों में छाते रहे।

हम गुमनामी के गलियारों में छुपे थे,

वो कोई और ही थे जो मशहूर हो गए।

कुछ पल ऐसे होते है,

जब जाने अनजान, दुःख होता है,

शर्म आती है, अफसोस होता है,

खुशी होती है, डर लगता है,

क्रोध आता है, हताशा होती है,

आश्चर्य होता है, घृणा होती है,

क्षोभ होता है, चिढ़ आती है,

ग्लानि होती है, गर्व होता है,

अधीर लगता है।

और मन, हृदय को समझाने का असफल प्रयास करता है।

पर यही तो शब्दशः जीवन है,

अहसास होने का यही तो साधन है,

कर गुजरने का यही तो मंथन है,

डूब जाने का यही तो सागर है,

खूबसूरती का यही तो दर्पण है,

अनुभव करने का यही तो मंज़र है,

आख़िर ये एक अबोध आलिंगन है।

चलो कुछ नया करें,

सृष्टि के अविरल प्रवाह में,

रात दिन के निरंतर चक्र में,

विचारों के राजसी खंडहरों में,

इतिहास और भूगोल से परे,

चलो कुछ नया करें ।

      काम काज की उधेड़बुन में,

      खर्चे और आमदनी की धुन में,

      क्रिया और कर्मों के मंथन में,

      पंचांगों और घड़ियों से परे,

      चलो कुछ नया करें ।

भावनाओं और तर्कों के वाद में,

ज्ञान और अज्ञान के विवाद में,

चंचल मन के साथ संवाद में,

अर्थ, शास्त्र और नीति से परे,

चलो कुछ नया करें ।

क्रमशः

कालखंडों के मायाजाल में,

कारण और रूढ़ि के काल में,

परंपरा और संस्कृति की ताल में,

युगों, युगाब्धों और संवत्सरों से परे,

चलो कुछ नया करें ।

दुहराव से ऊब चुके मन में,

पुरानी दीवारों के नशेमन में,

नव वर्ष की पावन शुरुवात में,

अनुभवों के दामन से परे,

चलो कुछ नया करें ।

एक शाम, उस अद्भुत शांति के नाम।

मानस तो स्वभाव से जिज्ञासु ही था,

और चल पड़े थे ज्ञान की तलाश में,

क्या इतिहास और क्या दर्शन में था,

निकल पड़े थे नए धर्म की आस में,

व्याकुल थे या वर्तमान से मोहभंग था,

एक विद्रोह था सब बदलने की चाह में,

हर उत्तर निरुत्तर करने को तत्पर था,

शायद कदम उठ रहे थे सब्र की राह में,

बैठे थे इस तरह कि उठने का मन न था,

उठ चुके थे शायद चलने की कवायद में,

रमण आश्रम में बहुत कुछ पूछना था,

पर सारे प्रश्न छूट गए एक ही श्वास में।

सुना है पत्तों के भी ठिकाने हैं,

कभी वो शाख पर मेहरबान थे,

तो कभी वो घोसलों के दीवाने हैं ।

सावन में अल्हड़पन पर नाज था,

पतझड़ में जुदाई के बहाने हैं ।

ना गिरने की फिक्र कभी न थी उन्हें ,

हवाओं में बहने को जो उतावले हैं ।

ताउम्र धूप में तपते रहे वो मगर,

आशिक़ी की किताबों में सुखाने हैं ।

फूलों से ईर्ष्या क्यों करते थे हर वक्त,

राही तो तुम्हारे ही प्यार में दीवाने हैं ।

झड़ने में प्रतिरोध कभी किया नहीं,

इसी असीम सामर्थ्य के तो अफसाने हैं ।

पता ही नहीं चला।

जड़ बीजें कब जड़ें बन गईं,

और कोपलें शाखाएं बन गईं ।

शिक्षा कब उपाधि बन गई,

और उपाधि कागज़ बन गई।

गुरु कुल कब संस्थानें बन गईं,

और इमारतें भगवान बन गईं।

तनहाई कब ग़ज़ल बन गई,

और जुदाई फ़सल बन गई।

औलादें कब माँ बाप बन गईं,

और ओटीटी सहारा बन गई।

सच्चाई कब गुमनाम हो गई,

और बेवफ़ाई महान हो गई।

अभी अभी तो आँख खुली थी,

और कब शाम ढल गई।

पता ही नहीं चला।

बोझो

१२.१०.२०१२ – २५.०४.२०२२

धैर्य

उत्साह

वात्सल्य

कंठ

स्पर्श

मर्म

मोह

राग

चक्र

उदय

ज्योति

अस्त

जन्म

कर्म

मोक्ष

शब्द

स्तब्ध

नि:शब्द।

धूल।

हर कोई भूलने पर उतावला है फिर,

क्यों इतिहास के पन्नो से प्यार है तुम्हें ?

मेहनत से मजबूर तो आदमी है मगर,

क्यों माथे के पसीने से सरोकार है तुम्हें ?

चेहरे से मोहब्बत कर लुटा है हर कोई,

क्यों आईना इतना गुनहगार है तुम्हें ?

आँधियों से मोहताज वजूद है आख़िर,

क्यों उड़ने से बेहद तकरार है तुम्हें ?

बैठ जाती हो तुम हर तरफ हक से,

क्यों तत्पर है सभी उठाने के लिए तुम्हें ?

दिलाई है रोजी रोटी कईयों को तुमने,

क्यों फिर भी धुत्कारती हैं सदियाँ तुम्हें ?

कणों में सिमट गई है दुनिया तुम्हारी,

क्यों आँखो में जाना ही गवारा है तुम्हें ।

.... हो तुम।

हर लम्हा जिंदगी का खाली है मगर,

क्यों उसे भरने पर आतुर होते हो तुम।

हर पल जीवन का आराम चाह रहा,

क्यों कुछ करने पर मजबूर हो तुम।

हर दिन वो तनहाई का आलम है तो,

क्यों भीड़ में अक्सर जाया करते हो तुम।

हर शक्स वक्त के चक्र में खो गया,

क्यों समय के प्यार में व्याकुल हो तुम।

हर राह गुजरती है उसी मुकाम से,

क्यों फिर वहीं आकर गुम जाते हो तुम।

हर मुस्कुराहट में छिपा है गम कोई,

क्यों हंसने का रिवाज़ निभाते हो तुम।

हर दर्द की कहानी है जिंदगी, तब भी,

क्यों दवाओं की उम्मीदों में मरते हो तुम।

हर बात भूलने की आदत है तुम्हें तो,

क्यों यादों की कब्र पर रोज़ रोते हो तुम।   क्रमशः

हर रिश्ता टिका है विश्वास पर जरूर,

क्यों बेवफाई से वादा निभाते हो तुम।

हर जंजीर की तकदीर बंधन है, सही,

क्यों गुलामी में आजादी नकारते हो तुम।

हर चुनौती का हल नहीं है दुनिया में,

क्यों हारने से आख़िर दुखी होते हो तुम।

हर जन्म का अंजाम मौत है फिर भी,

क्यों अमर होने की चाह में खोए हो तुम।

हर पल सुहाना है इस जीवन का देखो,

क्यों विचारों के उधेड़बुन में सोए हो तुम।

हर रंग से भरी पड़ी है ये सृष्टि तो फिर,

क्यों एक ही रंग के मोहताज़ हो तुम।

कोई तो समझे मुझे।

हरा नहीं सकता खेल में अब कोई मुझे,

क्योंकि मैं जीतना ही नहीं चाहता हूं।

रुला देता है आसानी से हर बार कोई मुझे,

क्योंकि मैं हर किसी से प्यार करता हूं।

दर्द दे जाता है हर शख्स मुझे,

क्योंकि मैं जन्म से संवेदनशील हूं।

नहीं है चाह खुश होने की मुझे,

क्योंकि मैं आज और अभी खुश हूं।

ख़्वाब देखना नहीं लुभाता है मुझे,

क्योंकि मैं यथार्थ के प्रेम में पड़ा हूं।

सफ़लता की सीढ़ी नहीं चढ़ना मुझे,

क्योंकि धरातल पर बमुश्किल उतरा हूं।

जन्मदिन की बधाईयां देना नहीं भाता मुझे,

क्योंकि आपकी बढ़ती उम्र से मैं खफा हूं।

जिंदगी की दौड़ नहीं दौड़ना मुझे,

क्योंकि मैं भागती उम्र का ठहराव हूं।   क्रमशः

महत्वाकांक्षा नहीं रास आती है मुझे,

क्योंकि मैं स्तिथप्रज्ञता का उपासक हूं।

चर्चा कोई धर्म पर नहीं करना मुझे,

क्योंकि मैं धर्म को जीने में मशगूल हूं।

अब कोई किताब नहीं पढ़नी मुझे,

क्योंकि मैं अज्ञानता का प्रमाण हूं।

विडंबना है।

सोए तो सभी हैं ,

किसी किसी की आँख खुली है।

जी तो सभी रहे हैं ,

किसी किसी की जिंदगी में आस है।

दौड़ तो सभी रहे हैं ,

किसी किसी को पदक से नवाज़ा है।

मर तो सभी रहे हैं ,

किसी किसी को मरने का एहसास है।

बिके तो सभी हैं ,

किसी किसी की कीमत पैसे से है।

प्यासे तो सभी हैं ,

किसी किसी की पानी से बुझ जाती है।

रो तो सभी रहे हैं ,

किसी किसी की आंखों में ऑंसू है।

दर्द में तो सभी हैं ,

किसी किसी की दवाओं में उम्मीद है।

दुखी तो सभी हैं ,

किसी किसी के चेहरे पे मुस्कुराहट है।

ऋणी तो सभी हैं ,

किसी किसी को चुकाने का आलम है।

खिलाड़ी तो सभी हैं ,

किसी किसी को मैदान नसीब है।

गरीब तो सभी हैं ,

किसी किसी को अमीरी का गुमान है।

अज्ञानी तो सभी हैं ,

किसी किसी को ज्ञानी होने का भ्रम है।

जंजीरों में तो सभी हैं ,

किसी किसी को बन्धन से प्यार है।

जज़्बाती तो सभी हैं ,

किसी किसी में तर्कों की खाल है।

धार्मिक तो सभी हैं ,

किसी किसी को धर्म से लगाव है।

सुंदर तो सभी हैं ,

किसी किसी के चेहरे पर नकाब है।

किधर चला तू।

अभी जिंदगी ही समझ नहीं पाई तूने,

और चल पड़ा है तू मौत को समझने।

कौन कहता है की तू मरने वाला है,

ये तो दुनिया है जो चली है खत्म होने।

> जन्मों के खेल में तू उलझा है आख़िर,
>
> भूल जाता है इस जीवन को खेलने।
>
> डराती है मौत ताउम्र तुझे ए मेरे दोस्त,
>
> कर लेना प्यार इसी डर से तू अनजाने।

जन्म ही तो एकमात्र कारण है मृत्यु का,

फ़िर क्यों लगा रहता है तू सबब ढूंढने।

ठिठर जाता है सुन कर ये शब्द क्यों तू,

आखिर मुसाफ़िर है तू आया है टहलने।

> अब बात कर लेते है जिंदगी की थोड़ी,
>
> लगा है तेरा भी मन अब ज़रा बहलने।
>
> वक्त है अभी भी खुल कर जी ले जरा,
>
> रख तू वजन जो लगा रखे है सिरहाने।

हिसाब रखेगा क्या दुश्मनी का ए जिगर,

चला चल तू अपनी राह भुलाकर जमाने।

कटु सत्य।

ख़्वाब महंगे बिकते हैं ,

सच्चाई सस्ती होती है।

उम्मीदें मीठी लगती हैं ,

हकीकत कड़वी होती है।

वादे अविरल लुभाते हैं ,

निभ जाए तो रस्म होती है।

भावनाएं बिकती रहती हैं ,

बाजारों में रौनक होती है।

संघर्ष जीवन का सारांश है ,

मोक्ष तो कल्पना की संतति है।

सत्य ही परम आनंद है,

तलाश में उसकी आहुति है।

जुस्तजू को क्या मालूम कि ,

हर आरजू की कीमत होती है।

क्या तोहफ़ा दूं,

सोचता हूं मैं अक्सर।

फूलों का गुलदस्ता दूं ,

पर वो भी मुरझा जाते हैं ।

कोई वस्तु दूं,

पर उसकी भी पसंदगी है।

कोई लिफाफा दूं,

पर मोल कैसे लगाऊं।

कोई पुस्तक दूं,

पर पढ़ने की भी सजा है।

कोई इत्र दूं,

पर वो आपकी महक की तौहीन होगी।

कोई इजाज़त दूं,

पर बंधन ही तो मेरा अहंकार है।

कोई वस्त्र दूं,

पर तन का स्वामित्व कहां मेरा है।

कोई खिलौना दूं,

पर टूटने का डर कैसे अलग करूं।

कोई कलम दूं,

पर शस्त्र की धार में खतरा है।

क्रमशः

कोई ज्ञान दूं,

पर लेने वाला खुद ही ज्ञानी है।

कोई सुझाव दूं,

पर मुफ्त की सलाह महंगी है।

कोई दामन दूं,

पर हवाओं से बैर कौन ले।

कोई तस्वीर दूं,

पर क्या कीलों से टांगना गवारा है।

कोई फ़ल दूं,

पर वृक्ष होने का गुमान नही है मुझे।

कोई आशीर्वाद दूं,

पर ईश्वर का हक़ क्यों छीन लूं।

कोई इल्जाम दूं,

पर वो क्या मुहब्बत का पैगाम होगा।

कोई झप्पी दूं,

पर कोई कमबख्त पकड़ ही न ले।

फिर लगा "मैं" ही दे देता हूं,

शायद दूरियों का सबब मिट जायेगा।

नयापन।

सोचा, कुछ नया दिखूँ,

आज थोड़े नए वस्त्र खरीदे,

नएपन का एहसास हुआ।

नया स्पर्श काया को भाया,

नया दिखने का आनंद पाया,

नया रूप मन को रास आया।

नया अनुभव इस तन को हुआ,

नए खर्च का फिर गुमान हुआ,

नए संग्रह का अभिमान हुआ।

नई नजरों ने थोड़ा गौर किया,

नई आंखों ने शायद सराहा,

नई दृष्टि का मुझे भ्रम हुआ।

अब सोचा, कुछ नया करूं,

आज थोड़े विचार ही बदल दूं,

एक नई जिंदगी का मज़ा लूं।

पुरानी वाचा को नए अल्फाज़ दूं,

पुरानी सोच को नए जज्बात दूं,

पुरानी आदतों को नए अंदाज़ दूं।

इस अंतर्मन को नई रूह दूं,

इस बुद्धि को नई समझ दूं,

इस आत्मा को नई आवाज़ दूं।

स्वाभिमान।

उसूल और आदर्श, जीने के खर्चे बढ़ाते हैं।

कीमत आप कम, अक्सर कोई और ही चुकाते है।

महत्वाकांक्षाएं, जीने का साध्य बनती हैं,

साधन और इस्तेमाल, हमेशा कोई और होता है।

परोपकार, जीने का ध्येय हो जाता है,

उपकार का पात्र, हर बार दूसरा ही होता है।

सत्ता की भूख, जीने का सामर्थ्य बनती है,

भोजन के लिए परन्तु, निर्भरता प्रजा पर ही होती है।

ईश्वर की ताजपोशी, प्रभुत्वता को दर्शाती है।

शीश झुकाने के लिए, आखिर उपासक ही होते हैं।

और फिर भी मनुष्य स्वावलंबी होने की चेष्टा करता है।

वस्तुस्थिति तो यह है, कि वो धर्म से ही परावलंबी है।

भ्रम।

आप व्यवसाय को नहीं,

व्यवसाय आपको चलाता है।

आप इंद्रियों को नहीं,

इंद्रियां आपको नियंत्रित करती हैं।

आप रिश्ते को नहीं,

रिश्ता आपको निभाता है।

आप श्वान को नहीं,

श्वान आपको घुमाता है।

आप परिस्थितियों को नहीं,

परिस्थितियां आपको बनाती हैं।

आप बीमारी को नहीं,

बीमारी आपको ठीक करती है।

आप नेता को नहीं,

नेता आपको चुनते हैं।

आप गुरु को नहीं,

गुरु आपको स्वीकारते हैं।

आप विचारों को नहीं,

क्रमशः

विचार आपको बदलते हैं।

आप समस्याओं को नहीं,

समस्या आपको घेरती है।

आप दर्पण को नहीं,

दर्पण आपको देखता है।

आप भोजन को नहीं,

भोजन आपको खाता है।

आपने विडंबनाओं को नहीं,

विडंबनाओं ने आपको घेरा है।

परिवर्तन।

दिखावे का आलम ये है कि,

अब तस्वीरें भी झूठ बोलने लगी है।

चर्चा का आलम ये है कि,

अब सिर्फ बोलने वाले ही बचे हैं।

तन्हाई का आलम ये है कि,

अब सिर्फ अकेलेपन का बोलबाला है।

अमीरी का आलम ये है कि,

अब भोजन की भूख कम हो गई है।

शिक्षा का आलम ये है कि,

अब ये बाज़ार खरीददारों के हवाले है।

हुस्न का आलम ये है कि,

अब नुमाइशें मापदंड तय करती हैं।

जख्मों का आलम ये है कि,

अब मरहमों से रोगी तंग आ गए हैं।

वफादारी का आलम ये है कि,

अब बेवफाई की कीमत लगती है।

और ऊपरवाले का आलम ये है कि,

अब नीचेवाले उसकी रखवाली करते हैं।

चिकित्सक दिवस की शुभकामनाएँ।

माना कि सफर ये दुखों का है,

पर दर्द का निवारण तो आपसे है।

माना कि ये स्थूल शरीर नश्वर है,

पर अस्तित्व का सुख आपसे है।

माना कि जीव को मोक्ष साध्य है,

पर प्रतिप्रसव का साधन आपसे है।

माना कि यह सब कर्मों का फल है,

पर कर्मयोगी का अवतरण आपसे है।

माना कि मानव दृष्टि मिथ्या है,

पर सत का एहसास आपसे है।

माना कि हम सब एक पर्यटक हैं,

पर पर्यटन का आनंद तो आपसे है।

माना कि मनुष्य असहाय है,

पर उसकी उम्मीदें आपसे हैं।

माना कि वो दृष्टिगोचर नहीं है,

पर उसका वास्तव तो आपसे है।

परिणय आख़िर क्या है,

बंधन है?

फिर छटपटाहट वाजिब होगी।

पवित्र है?

फिर दूषित होने का भय होगा।

रीति है,

फिर बदलना मजबूरी होगी।

रिवाज़ है?

फिर समाज की गुलामी होगी।

रिश्ता है?

फिर बिछड़ने का गम होगा।

नाता है?

फिर निभाने की बाध्यता होगी।

प्रतिबद्धता है?

फिर मन की हृदय पर जीत होगी।

सूत्र है?

फिर स्वायत्तता की आहुति होगी।   क्रमशः

बेड़ी है?

फिर जकड़ने की पीड़ा होगी।

अनुज्ञा है?

फिर निरादर का विकल्प होगा।

व्यवस्था है?

फिर न्याय की जरूरत होगी।

अनुबंध है?

फिर विवाद का बहाना होगा।

संस्था है?

फिर संस्थागत बगावत होगी।

शायद एक सहवास ही है,

जो इन उपमाओं से मुक्त होगा।

युद्ध कर।

कहां उलझा है माया के जाल में,

ये वासनाओं और वृत्तियों का युद्ध है।

बदलने चला है दुनिया को अकेला तू,

ये प्रकृति और समाज का युद्ध है।

मर्यादाओं की उपासना में खोने वाले,

ये यथार्थ और पुरुषार्थ का युद्ध है।

कर्मयोग के क्रियान्वयन में तत्पर है तू,

ये कर्म और क्रियाओं का युद्ध है।

कर्ता के बोध से ग्रस्त ए मानव,

ये बुद्धि और बुद्ध का युद्ध है।

मन के नियंत्रण में प्रयासरत साक्षी है तू,

ये विचारों और भावनाओं का युद्ध है।

जड़ और चेतन में उलझने वाले,

ये मृत्यु और मोक्ष का युद्ध है।

राजनीति की विडंबना तो देख ले तू,

ये राज और नीति का युद्ध है।

गुत्थियों को सुलझाते शान्ति के उपासक,

ये दर्शन और दार्शनिक का युद्ध है।

गुमान जो था।

चौराहे पर लाल बत्ती पर सब रुके थे,

वह धीरे से दाएं बाएं देख निकल गया,

उसे अपनी आजादी पर गुमान जो था।

पशु अपने जंगल में निर्भय घूम रहे थे,

अब वो प्राणी संग्रहालय में दर्शक बने हैं,

मनुष्य को आजादी पर गुमान जो था।

पड़ोसी से चौखट पर रोज बात होती थी,

अब मोबाइल पर कहीं से भी बात होती है,

रिश्तों को आजादी पर गुमान जो था।

वार्ता से आपसी मसले अक्सर सुलझाते थे,

अब वाचा से सांप्रदायिक चीरहरण होते हैं,

बोलने की आजादी पर गुमान जो था।

नग्नता चित्रकार की ढकी हुई तस्वीर थी,

प्रदर्शन से उसे बाज़ार मे खरीददार मिल गए,

बेशर्मी की आजादी पर गुमान जो था।

क्रमशः

सत्ता का दायित्व और राजा का कर्तव्य था,

सरकारों की विचारधारा से सरोकार टूट गया,

दल बदलने की आजादी पर गुमान जो था।

मदिरा और मदिरालय कवि की जागीर थी,

शराब अब ठेकों पर बिकने लग गई,

नशा करने की आजादी पर गुमान जो था।

राष्ट्रीयता और कानून का अपवाद न था ,

फिर नियमों को तोड़ने की आदत पड़ने लगी,

झंडे लहराने की आजादी पर गुमान जो था।

अजीब तराने हैं।

ये चाहने वाले भी बड़े अजीब होते हैं,

दर्द कहीं होता है, दवा कहीं लगाते हैं।

ये नापाक दीवानों का अजीब ही नाता है,

प्यार कहीं होता है, इज़हार कहीं करते हैं।

ये भक्तों की भी अजीब ही दीवानगी है,

आराधना कहीं करते है, पूजा कहीं करते हैं।

ये तानों के तीरों का भी अजीब तरकश है,

निशाना कहीं होता है, चलते कहीं और हैं।

ये समाज सेवियों का अजीब फ़साना है,

परमार्थ कहीं साज है, स्वार्थ कहीं साज है।

ये फलों के वृक्षों की भी अजीब नियति है,

उन्हे लगाता कोई है, फल खाता कोई है।

त्यौहार।

पराधीन मनुष्य जब स्वाधीन होने आए,

त्रिविध दुखों से जब वो आजाद हो जाए,

उन शहीदों के जब बलिदान याद आए,

क्रूर इतिहास से जब सबक सीख जाए,

कुंठाओ व तृष्णाओं से जब बाज आए,

अज्ञानता के जब घोर बादल छँट जाए,

कर्ता और कर्तव्य का जब बोध हो आए,

साधन एवम् साध्य का अंतर समझ जाए,

द्रष्टा तथा दृष्य का मोहक नृत्य नज़र आए,

साक्षी व साक्ष्य के मध्य का पर्दा उठ जाए,

इंसानियत अब इंसानों पर निर्भर हो आए

इंसान जब इंसानों से आजाद हो जाए,

जिंदगी जब जीने के सबब से मुक्त हो आए,

ईश्वर करे आपका हर पल त्यौहार हो जाए।

दर्द ही तो है।

दर्द एक एहसास है,

जो जीवित होने का प्रमाण है।

दर्द एक अनुभूति है,

जो जीवात्मा की धरोहर है।

दर्द एक भावना है,

जो हस्तक्षेप का विद्रोह है।

दर्द एक परछाई है,

जो काया का अभिन्न हिस्सा है।

दर्द एक मनस्थिति है,

जो सात्विक गुण का प्रतिपादन है।

दर्द एक प्रसाद है,

जो मनुष्य जन्म का वरदान है।

दर्द एक कविता है,

जो जीवन की गाथा का सार है

दर्द एक चुनाव है,

जो दुखों का विकल्प है।

दर्द एक प्रतिबिंब है,

जो माया दर्पण में देखती है।

दर्द एक भूख है,

जो दवा का आहार है।

दर्द एक तपस्या है,

जो साधक का साधन है।

दर्द एक स्याही है,

जो इतिहास को लिख चुकी है।

दर्द एक नियति है,

जो इस जन्म का आभूषण है।

रामनवमी।

व्यक्ति के जुदा होने पर जयंती मना ली,

दर्शन के जुदा होने की कीमत अदा की।

उन किताबों से स्मारकों तक जगह बना ली,

गाथा थी प्रभुद्ता को पदचिन्हों में तर्पण की।

श्रद्धा ने श्रृद्धांजलि से वफा निभा ली,

श्राद्ध स्वरूप सुरा की दुकानें बंद की।

तारीखों के साए में आज फिर छुट्टी मना ली,

रस्म थी आजादी के ऋण से मुक्त होने की।

और बाशिंदों ने राष्ट्रीयता पर बहस कर ली,

बात जो थी जिम्मेदारी और समझौतों की।

सत्य के धरातल पर राजनीति की शाल ओढ़ ली,

शिक्षा तो दी थी शास्त्री और शास्त्रों में समझ की।

पुरुषोत्तम ने मर्यादाओं से जिरह कर ली,

अब बारी है रावण दहन के इंतजार की।

आस।

एक छोटी सी ख्वाहिश है मेरी,

जीते जी कोई स्वर्ग मिल जाए।

  एक छोटी सी चाहत है मेरी,

  इस जनम में ईश्वर मिल जाए।

एक छोटी सी आरजू है मेरी,

इस इबादत में गुलामी मिल जाए।

  एक छोटी सी तमन्ना है मेरी,

  इन रूढ़ियों में रिहाई मिल जाए।

एक छोटी सी हसरत है मेरी,

इन परिंदों को ज़ागीर मिल जाए।

  एक छोटी सी कामना है मेरी,

  इन तस्वीरों को दीवार मिल जाए।

एक छोटी सी अभिलाषा है मेरी,

इन आत्माओं को शरीर मिल जाए।

  एक छोटी सी आकांक्षा है मेरी,

  इन तृष्णाओं को जल मिल जाए।

एक छोटी सी लालसा है मेरी,

इन तपिशों को तंदूर मिल जाए।

  एक छोटी सी चाह है मेरी,

  इन भावनाओं को शब्द मिल जाए।

सफ़र ही तो है।

सूर्य की स्थिरता से मनुष्य के उदय का,

सफ़र ही तो है।

मुग्ध से शुद्ध का और युद्ध से बुद्ध का,

सफ़र ही तो है।

युगाब्धों के चक्र से खुशी के क्षणों का,

सफ़र ही तो है।

विरासत की जिंदगी से जिंदादिली का,

सफ़र ही तो है।

अस्तित्व के फेरे में मैं से आप तक का,

सफ़र ही तो है।

निश्छल हृदय से भावनापूर्ण शब्दों का,

सफ़र ही तो है।

जन्म जन्मांतर में जन्म से जन्मदिन का,

सफ़र ही तो है।

खुद को ढूंढने से आपको पा जाने का,

सफ़र ही तो है।

आपके चाहने से आपके शुभाशीषों का,

सफ़र ही तो है।

ए लहरो,

क्यों सागर से जुदा होना चाहती हो तुम?

तुम्हारा अस्तित्व तो उससे ही है,

      क्यों अपना वजूद पाना चाहती हो तुम?

      उठना तो तुम्हारा धर्म मात्र है,

फिर क्यों अपना ठिकाना चाहती हो तुम?

जुदाई की रस्म तो सिर्फ निभाना है,

      क्यों किनारों से बैर लेना चाहती हो तुम?

      आगोश में है हर जीव तुम्हारे,

क्यों उन्हे तड़पते छोड़ना चाहती हो तुम?

कश्ती का सहारा हो शायद,

      क्यों उसे झकझोरना चाहती हो तुम?

      जब गहराइयों से ही है वास्ता,

क्यों सतह पर तूफान लाना चाहती हो तुम?

ताकत का नाज़ है बहुत जरूर,

      क्यों इस मन में कमजोरी का साधन हो तुम?

      इश्क जो हो चला है नाविक को,

क्रमशः

क्यों उन अश्रुओं का सबब बनती हो तुम?

उथल पुथल जीवन का दर्शन है,

क्यों चांद से आकर्षित हो जाती हो तुम?

हर शक्स तुम्हारी कश्मकश से बेखबर है,

क्यों शख़्सियत की जंजीरों में बंधी हो तुम?

आख़िर क्यों सागर से जुदा होना चाहती हो तुम?

अब वो भी निरुत्तर है।

उसने तो गुण बताए थे,

जातियां आपने बना दी।

उसने तो कर्म बताए थे,

क्रियाएं आपने बना दी।

उसने तो पथ बताए थे,

रास्ते आपने बना दिए।

उसने तो धर्म बताए थे,

भगवान आपने बना दिए।

उसने तो निशाने बताए थे,

तीर आपने चला दिए।

उसने तो आचार बताए थे,

संविधान आपने बना दिए।

उसने तो दुश्मन बताए थे,

खुद ही से आप लड़ लिए।

उसने तो विधान बताया था,

विधि आपने चुन ली।

क्रमशः

उसने तो आईना बताया था,

संवरने में आप लग गए।

उसने तो दर्शन बताया था,

पोथी आपने बना डाली।

उसने तो रिश्ता बताया था,

नाते आपने जोड़ लिए।

उसने तो स्वरूप दिखाया था,

मूर्ति आपने बना डाली।

उसने तो शास्त्र समझाया था,

ग्रंथालय आपने बना दिए।

उसने तो शरीर ढका था,

रूह आपने निर्वस्त्र कर दी।।

अब उससे और क्या उम्मीदें हैं ?

नींद।

अक्सर लोग मुझे पूछते है, आपकी नींद कैसी हुई?

नींद का तात्पर्य अगर सोने से है तो शरीर आड़ा था पर आँखें जरूर बंद थी।

मन चिंतन में व्यस्त था पर चिंता की मौजूदगी नहीं थी।

वातावरण से जागरूक था पर जागृत अवस्था की चाह थी।

दिन का एहसास था पर सुबह का इंतजार नहीं था।

सपनों का साक्षी था पर वास्तविकता की पकड़ थी।

श्वासों पर ध्यान था पर उनकी लय पर नियंत्रण नहीं था।

कंधों में थोड़ा दर्द था पर उसमें मिठास का स्वाद था।

मौसम ज़रूर सर्द था पर रजाई की हार कतई नहीं थी।

करवटे बदल रहा था पर तकिया और रजाई वहीं थी।

दुनियाँ से दूरी थी पर पत्नी का स्पर्श था।

आँखें खुली और अचानक लगा कि मुझे रात से कोई शिकायत नहीं थी।

वो जो है।

वो आज भी क़तार में पीछे खड़ा है,

ईमानदारी की कीमत चुका रहा है।

वो आज भी बाज़ारों में गुमनाम है,

उसूलों को ना बेचने का गुमान है।

वो आज भी दुःखों में मुस्कुरा रहा है,

वक़्त पर झुक जाना उसने सीखा है।

वो आज भी ज़िंदादिली की मिसाल है,

ज़िंदगी से उसने समझौता कर रखा है।

वो आज भी नाज़ुक रिश्तें निभा रहा है,

'मैं' से नाता उसनें कब से तोड़ा हुआ है।

वो आज भी कुरुक्षेत्र से कतराता है,

स्याही की लकीरें लहू के घूँटों से हैं।

वो आज भी अपने पैरों पर खड़ा है,

गिर जाने में प्रतिरोध ही कहाँ है।

वो आज भी ग़रीबी रेखा से नीचे है,

दर्शन शास्त्र ने उसे जकड़ रखा है।

रोम शहर में अचानक एहसास हुआ,

इंसान चुप होता है मग़र,

तस्वीरें यहाँ बोलती हैं।

घर उजड़ जाते है मग़र,

खंडहर यहाँ बसते है।

शहंशाह खोए है मग़र,

क़ब्रों की यहाँ नुमाइशें हैं।

चित्रकार दुःखी थे मग़र,

चित्रकारी मुस्कुरा रही है।

लहू अनमोल होगा मग़र,

पानी ज़रूर बिकता है।

दर्शन तो लापता है मग़र.

दार्शनिकों की मज़ार है।

इतिहास क्रूर था मग़र,

अवशेषों में अब शांति है।

पुतले अकेले खड़े हैं मग़र,

दर्शकों की भारी भीड़ है।

युद्ध ख़त्म हुए हैं मग़र,

लड़ाई अभी बाक़ी है।

आज़ादी मिल गई मग़र,

क़ीमत अभी चुकानी है।

वो बाँसुरी तो थी मग़र,

गूँज में उसकी तन्हाई है।

वो ताकतवर तो था मग़र,

धरोहरों में छाई बेबसी है।

नीरो क्षत्रिय था मग़र,

रोम रोम में कलाकारी है।

ज़ामे शिकन।

हम तो दर्शन समझा रहे थे,

वो ज़ाम पर अटक गये।

बात हमने ज़िंदगी की की थी,

वो दारू समझ कर रूठ गये।

चढ़ती तो पीने वालों को है,

हम तो जीने वालों में से हैं।

चख़ने का गुरूर नहीं रहा हमें,

उतरने का हिसाब बाक़ी था।

हम तो हरिवंशजी के प्रेमी थे,

लोग हमें शराबी समझ बैठे।

होश में तो मदहोश आते हैं ,

यहाँ तो बेहोशी के तराने है।

कौन यहाँ नशे के लिए पीता है,

हम तो मधुशाला के दीवाने हैं।

अब इस छलकते जाम का क्या करें,

बहकतीं ज़िंदगी के अजीब पैमाने हैं।

दिये जलते हैं।

दिये की हमसफ़र लौ की रूह तो उस तेल में थी,

जिसे ख़त्म होने की सच्चाई ने उसे टिमटिमाने पर उकसा ही दिया।

वो तो चाँद ही रहा होगा जो एक दिन विश्राम करने चला था,

वर्ना तूफ़ानों में जलने वाले दीये कब से अंधेरों के मोहताज हो गये।

और तो और रौशनी का वास्ता उजाले से कब था,

वो तो इंसान की बेइंतहा ख्वाहिशें थीं जो जलाने का सबब बन गईं।

कभी ना सिमटने वाली ख़ुशी की तलाश में शायद,

इस दीपावली को त्यौहार बना कर एक रस्म हमने भी निभा दी।

अब यही आस है कि ये मिठास सबके दिल तक पहुँचे,

सफ़ाई सबके हृदय तक और पटाखों की आवाज़ अन्तर्मन तक।

विजयदशमी की कशमकश।

एक दिल और दस दिमाग़ की उलझन थी,

बदले की भावना से शास्त्रों का युद्ध हो गया।

एक क्षत्रिय को ब्राह्मण का वध करना पड़ा,

भविष्य का वर्तमान इतिहास से हार गया ।

मर्यादा ने तो पुरुषोत्तम का साथ निभाया।

कई प्रश्न अनुत्तरित छोड़ वो दहन हो गया।

उसने मानव में परिवर्तन का ख़्वाब देखा,

हर वर्ष जलता देख वह नाउम्मीद हो गया।

उसकी निमंत्रित क़ुर्बानी भी काम ना आयी,

हर वर्ष उसे दहन कर बुराई अमर हो गयी।

अज़ेय धर्म कब से जीत का मोहताज था,

वो तो मनोरंजन था जो हर वर्ष जीत गया।

क्या से क्या बना दिया।

सृष्टि बदलने की चाह ने उसे वास्तुविद बना दिया,

दुनिया बदलने की चाह ने उसे नायक बना दिया,

समाज बदलने की चाह ने उसे धार्मिक बना दिया,

ख़ुद को बदलने की चाह ने उसे दार्शनिक बना दिया।

लकीरें बदलने की चाह ने उसे तानाशाह बना दिया,

शासक बदलने की चाह ने उसे फ़क़ीर बना दिया,

फ़ितरत बदलने की चाह ने उसे कवि बना दिया,

इतिहास बदलने की चाह ने उसे सारथी बना दिया।

दर्पण बदलने की चाह ने उसे अभिनेता बना दिया,

पीढ़ी बदलने की चाह ने उसे वालिद् बना दिया,

अस्तित्व बदलने की चाह ने उसे ज्ञानी बना दिया,

नियति बदलने की चाह ने उसे नास्तिक बना दिया।

आशिक़ बदलने की चाह ने उसे ग़ालिब बना दिया,

मंज़िल बदलने की चाह ने उसे शातिर बना दिया,

आशियाँ बदलने की चाह ने उसे क़ाबिल बना दिया,

कुछ ना बदलने की चाह ने उसे काफ़िर बना दिया।

ये डर ना होता तो क्या होता ??

क्या इंसान इंसान को जीने देता?

क्या मरने से मोह होता?

क्या ईश्वर का ध्यान होता?

क्या रिश्तों में और मिठास होती?

क्या पढ़ने की ख्वाहिश होती?

क्या धर्म का स्वरूप होता?

क्या अमूर्त का रुप होता?

क्या निष्ठा का स्वार्थ होता?

क्या युद्ध और योद्धा होते?

क्या शास्त्र और अर्थ होते?

क्या मोक्ष और श्राद्ध होते?

क्या मंदिरों में दरवाजे होते?

क्या दरवाजों में ताले होते?

क्या तालों के रखवाले होते?

क्या भोगी को बंधन होता?

क्या रोगी को नियम होता?

क्या योगी को संयम होता?

क्या श्राप का चलन होता?

क्या सृष्टी का दोहन होता?

क्या वेदनाओं का मंथन होता?   क्रमशः

क्या समर्पण का भाव होता?

क्या मर्यादा का घाव होता?

क्या संस्कारों का स्राव होता?

क्या राष्ट्रों की सीमायें होती?

क्या युद्धों में ललकारें होती?

क्या म्यानों में तलवारें होती?

क्या कुलों की संपदा होती?

क्या राजा की साख होती?

क्या यौवन की गरिमा होती?

न तानाशाह होता, न कवि होते,

न आस्तिक होता, न नास्तिक होते,

न कल्पना होती, न काल्पनिक होते।

अगर डर न होता,

तो 'मैं' ही न होता,

तब सिर्फ 'होना' होता,

और एक 'द्रष्टा' होता।।

मैं।

माना की दीमक ज़मीर की जागीर हो गई,

सफ़लता जो तराज़ू की मोहताज़ हो गई।

सूरज के होते चाँद के क़द्रदान होंगे ज़रूर,

उधार की रौशनी से वाह वाही जो हो गई।

ये इंसान भी कितना अजीब है,

जानवरों को पकड़ कर क़ैद करता है,

फिर उन्हें देखने के लिए पैसे देता है,

प्यार के नाम पर उन्हें पालता भी है,

और ख़ुशी के लिये उन्हें खाता भी है।

इंसानों से दूरियाँ बढ़ाकर दुखी होता है,

उनसे नज़दीकियाँ बढ़ाकर खुश होता है,

बोलने वालों से व्यथित होता है और,

उनके मूक होने का फ़ायदा उठाता है।

रिश्ते निभाने में घुटन महसूस करता है,

फिर जानवरों में सुकून ढूँढता रहता है,

रिश्तेदारों को ना चुन सकने की कोफ़्त में,

पालतू को चुनने का अधिकार जताता है।

ख़ुद के असुरक्षित होने की पहेली बुनके,

उन्हें ताउम्र संरक्षण देने का भ्रम पालता है।

अपनी आज़ादी की आवारगी में खोकर,

उन्हें पट्टे से बांधकर उसे शौक़ बनाता है।

ये इंसान भी कितना अजीब है।

उस शख़्स का पैदा होना ही एक गुनाह था,

बेगुनाही का सबूत देते ज़िंदगी निकल गई,

वक़्त का सफ़र भी कुछ तनहा हुआ होगा,

क़तरा क़तरा महफ़िलों से रूह निकल गई।

मंज़िलें उसके रास्ते की अड़चन जो बनी थी,

जाने कब इम्तिहानों की बारात निकल गई।

सत्य की कश्मकश में वो तल्लीन् हुआ था,

तो उम्मीदों के बाज़ार से रौनक़ निकल गई ।

आहिस्ता आहिस्ता गलियों से उम्र निकल गई।

सत्य क्या है।

डोर से बंधने में परम्परा है,

पर आज़ाद तो कटी पतंग ही है।

ताले से मन में सुरक्षा है,

पर डर तो बंद दरवाज़े में है।

निक़ाह से समाज मज़बूर है,

पर प्यार तो रिश्ता निभाने में है।

रौशनी से उजाले की चकाचौंध है,

पर अंधेरे तो रास निगाहों से हैं।

शतरंज से चालें पराजित है,

पर मोहरें तो ज़माने से हैं।

अरमानों से जुआ खफ़ा है,

पर जीत तो जी जाने में है।

कर्म से रथ का अस्तित्व है,

पर चिंतन तो भाग्य का सारथी है।

भक्ति से ज्ञान सारोबार है,

पर ईश्वर तो ख़ुद को पाने में है।

ख़्वाहिशों से इंसान अमर है,

पर जिंदगी तो मौत से गुलज़ार है।

नये वर्ष में कुछ नया करे।

कोई नया गुल खिलाए, कोई नया खेल बनाये,

कोई नया रंग बनाये, कोई नयी तस्वीर बनाये।

कोई नया शास्त्र लिखे, कोई नया वेद लिखे,

कोई नया दर्शन लाये, कोई नया दर्पण बनाये।

कोई नयी गीता गाये, कोई नया कर्ण आये,

कोई नया रावण समझे, कोई नया बाण बनाये।

कोई नया रिश्ता बनाये, कोई नया नाता पाये,

कोई नया बंधन ढूँढे, कोई नया तर्पण निभाये।

कोई नया अक्षर ढूँढे, कोई नया मंत्र बनाये,

कोई नया स्वर ढूंढ़े, कोई नया राग बनाये।

कोई नया धर्म बनाए, कोई नया ईश्वर ढूँढे,

कोई नये रिवाजों के लिये नयी नींव बनाये।

घिसी पिटी बातों से ऊपर उठकर,

नये वर्ष में कुछ तो नया बनाये।

जी ले तू।

डूब जा तू,

पर गीला मत हो।

जाग जा तू ,

पर उठ मत जा।

रो ले तू,

पर दुःखी मत हो।

जी ले तू,

पर नशा मत कर।

तप ले तू,

पर जल मत जा।

ठहर जा तू,

पर रुक मत जा।

छोड़ दे तू,

पर भूखा मत रह।

सुन ले तू,

पर याद मत रख।

गा ले तू

क्रमशः

185

पर राग मत रो।

शांत रह तू,

पर चुप मत रह।

कह दे तू,

पर मुँह मत खोल।

मेहनत कर तू,

पर संघर्ष मत कर।

आख़िर हमनें....

दान पेटी में रुपये डाल दिये और,

फिर ईश्वर से व्यापार कर लिया।

बच्चों के खिलौने ख़रीद लिये और,

व्यस्तता से समझौता कर लिया।

बारातियों को भोजन कराया और,

रिश्ता निभाने का करार कर लिया।

उठावने में उपस्थिति दर्शायी और,

दुखी होने का इज़हार कर लिया।

भीड़ में चलने की रस्म निभाई और,

अपने आदर्शों का सौदा कर लिया।

चार लोगों में ज्ञान बाट दिया और ,

परम ज्ञानीं होने का ढोंग कर लिया।

मेरी रचनायें ही मेरी अज्ञानता का प्रमाण है।